NOTICE NÉCROLOGIQUE

SUR LE GÉNÉRAL

DE STABENRATH.

NOTICE NÉCROLOGIQUE

SUR LE GÉNÉRAL

DE STABENRATH

PAR M. GENET,

CHEF DE BATAILLON DU GÉNIE.

PARIS.

IMPRIMERIE CHRISTOPHE,

Rue du Plâtre-St-Jacques, 11.

1858.

NOTICE NÉCROLOGIQUE

SUR LE GÉNÉRAL

DE STABENRATH.

———•◦•———

Jᴇᴀɴ-Mᴀʀɪᴇ-Eʟᴇᴏɴᴏʀ-Lᴇᴏᴘᴏʟᴅ DE STABENRATH naquit le 13 avril 1770 à Gournay-en-Bray (*Seine-Inférieure*) d'une famille originaire de Silésie. Son grand-père, chevalier, frère servant, de l'ordre de Saint-Lazare, avait quitté sa patrie vers 1680 pour venir s'établir en France, où il fut *traducteur-interprète du roi Louis XIV pour les langues étrangères*; son père était commissaire des poudres et salpêtres à Gournay.

Les goûts, le caractère du jeune Stabenrath le portaient naturellement vers la carrière militaire; aussi, dès 1789, lorsqu'après la prise de la Bastille, on vit courir aux armes toute la jeunesse française, dont le patriotisme ardent pressentait les dangers qui allaient menacer la patrie, étant alors âgé seulement de 19 ans, il commença son apprentissage comme *citoyen actif* dans les gardes nationales du département de la Seine-Inférieure, où il fut immédiatement nommé officier. En 1790 et 1791 il continua ce service volontaire dans la garde nationale du département d'Eure-et-Loir ; mais déjà ces fonctions encore à demi pacifiques ne suffisaient plus à son activité, qui avait besoin de se déployer sur un champ plus vaste et plus glorieux.

Au commencement de 1792, il obtint, par l'influence de son frère, député à l'Assemblée Législative, d'être nommé sous-lieutenant de grenadiers au 70ᵉ régiment d'infanterie de ligne (ci-devant Médoc). alors commandé par le lieutenant-colonel Serrurier, depuis maréchal de France, qui était en garnison à Perpignan, et faisait partie de l'armée d'observation des Pyrénées.

Lorsqu'au mois de mai 1792, le gouvernement français se décida à envahir la Savoie et le comté de Nice, une partie des troupes de cette armée, sous les ordres du général Anselme, fut dirigée sur le Var ; le 70ᵉ régiment de ligne marchait avec ce détachement. Le sous-lieutenant de Stabenrath ne tarda donc pas à entrer en campagne et prit part ainsi au passage du Var et à l'occupation de Nice, qui eurent lieu dans les derniers jours de septembre.

La faiblesse numérique de la petite armée que commandait le général Anselme et le dénûment de toutes choses où elle se trouvait l'obligèrent de s'arrêter à Nice, en se bornant à faire occuper les positions de Levenzo et de Sospello par les généraux Dumerbion et Brunet.

La fin de l'année fut signalée par quelques combats
assez vifs, mais sans résultat, entre les avant-postes
français et les Piémontais ; le sous-lieutenant de Stabenrath qui se trouvait, avec son régiment, sous les
ordres du général Brunet, s'y fit remarquer par son
intrépidité, et conquit ainsi le grade de lieutenant qui
lui fut conféré le 14 janvier 1793.

Les opérations, suspendues par la mauvaise saison,
furent reprises dès le mois de février 1793 par le général Biron, nommé, en remplacement du général
Anselme, au commandement de l'armée du Var, et
ayant sous ses ordres les généraux Brunet et Dumerbion ainsi que l'adjudant-général Micas. Le 13 et
le 28 février eurent lieu les combats de Sospello et de
Luceram, où, après des efforts inouïs et des fatigues
sans nombre dans un pays hérissé de difficultés, le
général Brunet parvint à rejeter l'ennemi sur le col
de Rauss.

— A la suite de ces affaires, le colonel Serrurier fut
nommé général, et, sur sa proposition, le lieutenant
de Stabenrath, qui avait pris une part très-active à
ces combats, où il avait même été légèrement blessé,
fut promu le 15 mai 1793 au grade de capitaine, pour
être adjoint à l'état-major général de l'armée d'Italie.

— C'est en cette qualité et comme adjoint de l'adjudant-général Micas, qu'il prit part à l'attaque malheureuse de l'armée française, commandée alors en
chef par le général Brunet, contre la position retran-
chée du général Colli à Lauthion, le 8 et le 12 juin.
Après l'insuccès de cette attaque, l'armée française

réduite à la défensive, dut se borner à garder ses positions en évitant toute action générale.

Sur ces entrefaites, la trahison avait livré Toulon aux ennemis de la France, et l'amiral Hood avait occupé cette importante place maritime. D'après les ordres pressants du Comité de Salut public, le général Carteaux, après avoir soumis Marseille, vint s'établir au-delà des gorges d'Ollioule, et le général Lapoype, à la tête de 4,000 hommes détachés de l'armée d'Italie, prit position vers la fin d'août à l'est de la place, vers Solliès et Lavalette. Le capitaine de Stabenrath, toujours adjoint à l'adjudant-général Micas, accompagnait ce petit corps d'armée.

Dans les actions partielles qui signalèrent les premiers mois du blocus, ce jeune officier, par son zèle, son intelligence et son activité, justifia pleinement le choix dont il avait été l'objet.

L'attaque générale du Faron, le 29 frimaire an II (19 *décembre* 1793), dans cette nuit même où le général Dugommier et le commandant Bonaparte enlevaient de vive force le Petit-Gibraltar, fournit au capitaine de Stabenrath l'occasion de se distinguer de nouveau. Son intrépidité dans cette affaire, où il fut assez gravement blessé d'un coup de feu à la jambe, lui mérita d'être signalé d'une manière toute particulière par le général Lapoype, et, en récompense de sa belle conduite, il fut nommé le 7 nivôse suivant adjudant-général chef de bataillon par les représentants du peuple au siége de Toulon, Barras, Fréron et Salicetti.

La réputation militaire du jeune de Stabenrath était établie ; aussi le général Dugommier, qui avait su l'apprécier en plus d'une circonstance au siége de Toulon, le désigna-t-il le 20 nivôse pour être employé sous ses ordres à l'armée des Pyrénées-Orientales, dont il venait d'obtenir le commandement en chef. Mais cet ordre ne put recevoir son exécution ; à cette époque de sinistre mémoire, les dénonciations calomnieuses atteignaient les caractères les plus irréprochables, et les plus brillants officiers ne pouvaient toujours s'y soustraire. Accusé d'incivisme, dénoncé comme suspect aux représentants Barras et Fréron, le commandant de Stabenrath, envoyé d'abord à Aix, puis rappelé à Marseille, reçut enfin l'ordre de se rendre à Hyères où il resta plusieurs mois, chargé en apparence du commandement de ces îles, mais en réalité soumis à une véritable surveillance. Le 2 prairial, ses deux frères aînés, dont l'un, qui était connu sous le simple nom de Léopold, avait honorablement représenté à l'Assemblée Législative le département d'Eure-et-Loir, et l'autre, avait été autrefois chargé d'affaires de la maison de Penthièvre, étaient, sur la dénonciation des clubs de La Ferté-Vidame et de Châteauneuf (*Eure-et-Loir*), condamnés par le tribunal révolutionnaire de Paris, et payaient de leur tête la loyauté de leur vie passée, la noblesse et la pureté de leur caractère. Ce fut pour le commandant de Stabenrath un coup aussi terrible qu'inattendu ; ce n'étaient pas seulement des frères, des amis que lui arrachait cette atroce condamnation, il se voyait vio-

lemment séparé du chef de la famille, de celui qui
avait rempli à son égard le rôle d'un véritable père,
qui l'avait toujours aidé de ses sages conseils et en-
touré de son affection éclairée ; aussi sa douleur fut-
elle profonde, mais il sut la concentrer au fond de son
cœur, et, ne rendant pas sa patrie responsable des
crimes que l'on commettait en son nom, il ne songea
même pas un instant à franchir les limites du devoir
et du dévouement à son pays. Néanmoins les accusa-
tions haineuses redoublèrent, et il eût sans doute succombé sous ces odieuses machinations, si tous ceux
qui l'avaient connu et apprécié, l'adjudant-général
Micas, le général Lapoype, le général Dugommier
lui-même, n'étaient chaudement intervenus pour se
porter caution de son patriotisme et l'arracher à cet
imminent péril.

Cédant à ces pressantes recommandations, le représentant du peuple à l'armée d'Italie, Ricord, ac-
corda enfin au commandant de Stabenrath l'ordre
de se rendre à l'armée des Pyrénées-Orientales, qu'il
rejoignit vers la fin de messidor an II.

Le général Dugommier avait réorganisé cette armée, et, après avoir vaincu l'ennemi au Boulou et
repris Collioure, il attendait la reddition de Belle-
garde pour franchir les Pyrénées ; le général Doppet
maîtrisait la Cerdagne, et, à l'extrême droite, le général Sol occupait la vallée d'Arran. C'est sous les
ordres de ce dernier officier général, dont le quartier-général était à Viella, que fut placé l'adjudant-
commandant de Stabenrath. Jeté un peu en dehors du

théâtre de la guerre qui se continua sur cette frontière en 1794 et 1795, la mission de ce petit corps d'armée était d'observer et de contenir la gauche de l'armée espagnole; la plus grande préoccupation de ses chefs était de faire vivre et de ménager les troupes sous leurs ordres, dans un pays entièrement dénué de ressources. L'adjudant-commandant de Stabenrath, dans cette fonction nouvelle qu'il exerça presque constamment en chef, montra qu'il n'était pas moins bon administrateur qu'officier d'élan et de courage; aussi fut-il bientôt apprécié par le général Pérignon comme il l'avait été par le général Dugommier, et le 25 prairial an III (13 *juin* 1795) fut-il promu au grade d'adjudant-général chef de brigade. Chargé momentanément alors du commandement de la brigade de gauche de l'armée des Pyrénées-Occidentales, il fut bientôt rappelé de nouveau à la division du val d'Arran, où il demeura jusqu'à la conclusion de la paix avec l'Espagne. Pendant toute la durée de son séjour au milieu de ces populations ennemies et jalouses de leur liberté que froissait vivement notre présence au milieu d'eux, il maintint constamment parmi ses troupes la plus sévère discipline, l'ordre le plus parfait, respecta toujours les mœurs, les lois et les usages, ainsi que la religion des habitants, et sut se concilier la sympathie générale. Aussi, lorsque les troupes françaises quittèrent Viella le 21 fructidor an III, les autorités espagnoles de cette ville lui témoignèrent-elles d'une manière éclatante et spontanée l'estime et l'affection qu'il leur avait inspirées. Au même instant, l'administration du district de Saint-Gaudens attestait par une délibération unanime le zèle, l'activité et le patriotisme dont il n'avait cessé de faire preuve pendant son séjour auprès d'eux. Heureux privilége des caractères droits et intègres d'imposer naturellement l'estime et la confiance aux ennemis aussi bien qu'aux compatriotes !

L'armée des Pyrénées-Orientales ayant été dissoute le 20 vendémiaire an IV, l'adjudant-général de Stabenrath ne tarda pas à être rappelé dans la 8e division militaire, (*chef-lieu Marseille*), par le représentant Fréron, qui avait promptement reconnu l'injustice des soupçons dont ce brave officier avait été naguère l'objet. Chargé d'abord du commandement des îles d'Hyères et du fort Brégançon, il fut investi, le 22 nivôse, des fonctions de chef d'état-major de cette division.

A quelques jours de là, le 29 pluviôse an IV, il recevait avec étonnement du ministre de la guerre Aubert-Dubayet l'avis que *sa retraite lui était accordée*! Une mesure aussi extraordinaire n'avait pu être obtenue qu'en surprenant la religion du ministre; aussi, le commissaire du gouvernement Fréron crut-il devoir l'autoriser à continuer ses fonctions jusqu'à ce qu'il eût fait parvenir ses réclamations au Directoire. Il resta donc ainsi provisoirement à son poste; ce ne fut néanmoins que le 12 brumaire an V qu'il fut *officiellement* remis en activité. L'adjudant-général de Stabenrath acquit ainsi une nouvelle preuve des haines que lui avait attirées sa conduite ferme et loyale

13

à Toulon et à l'armée d'Italie en 1793 et 1794, haines
qui avaient survécu au 9 thermidor. Il avait également
ment été, pendant qu'il combattait au siége de Toulon, inscrit sur la liste des émigrés, et il ne fallut pas
moins de trois années, et les témoignages les plus instants de tous les généraux sous lesquels il avait com-
battu, pour obtenir sa radiation, qui n'eut lieu définitivement que le 18 messidor an V, par arrêté du
Directoire exécutif.

Du 22 nivôse an IV au 1ᵉʳ ventôse an VI, (12 janvier 1796 au 19 février 1798), il conserva les fonctions de chef d'état-major de la 8ᵉ division militaire,
sous les ordres des généraux Mouret, Willot et Bon ;
pendant ces deux années il fut chargé successivement
du commandement de la place de Toulon (du 5 flo-
réal au 4 thermidor an IV), et de celui de Marseille
(du 13 fructidor an V à la fin de frimaire an VI); ces
deux places étaient alors en état de siége. Dans cette
difficile position, au milieu de passions politiques à
chaque instant prêtes à éclater, il sut se tenir en dehors de toutes les intrigues auxquelles tant d'autres
avaient succombé, imposer à tous les partis par sa
conciliante fermeté, assurer partout la tranquillité,
mériter l'estime de tous les honnêtes gens, et con-
fondre les calomnies qui osèrent s'attaquer à sa pro-
bité et à son patriotisme.

Le 1ᵉʳ ventôse an VI (19 février 1798), il était appelé dans la 7ᵉ division militaire à Grenoble, et chargé,
peu de temps après, du commandement du département des Basses-Alpes; le 4 ventôse an VII (22 fé-

vrier 1799), il passa dans la 6° division militaire, à Besançon, pour en être le chef d'état-major sous les ordres du général Massol.

Pendant ces trois dernières années, l'adjudant-général de Stabenrath, impatient des fonctions sédentaires auxquelles il avait été condamné, avait plusieurs fois sollicité d'être appelé à l'armée d'Italie; le 4 vendémiaire an VI, il avait même reçu l'ordre formel du général Berthier, chef de l'état-major, de se rendre au quartier-général à Milan, où il devait recevoir de nouveaux ordres; mais les services importants qu'il avait rendus dans les postes difficiles auxquels il avait été appelé, s'opposèrent à ce qu'il fût donné suite à ses demandes, et en dernier lieu, le général Bon n'avait pas cru devoir obtempérer à l'ordre de Berthier, dans l'impossibilité où il était de pourvoir au remplacement de cet officier supérieur.

Le moment arrivait enfin où l'on allait avoir de nouveau besoin de tous les dévouements et de tous les talents éprouvés. La guerre avait recommencé en Italie, mais aux immortelles victoires de 1796 et 1797 avaient succédé les revers; l'Italie était de nouveau perdue, et l'armée française, après la bataille de la Trebbia, avait été rejetée sur l'Apennin et dans la rivière de Gênes, où Moreau s'efforçait d'en réorganiser les débris.

Le Directoire envoya bientôt des renforts à cette armée, dont il confia le commandement au général Joubert; en même temps, sous la dénomination d'*Armée des Alpes*, on réunit, sous les ordres du gé—

néral Championnet, un corps d'armée chargé de couvrir la frontière et les débouchés des Grandes-Alpes, depuis le grand St-Bernard jusqu'au col de Largentière. Pour organiser ces troupes venues de tous les points de la France, et composées en grande partie de conscrits, on avait besoin de chefs énergiques et familiarisés avec le soldat; aussi le général Championnet s'empressa-t-il d'appeler à son état-major l'adjudant-général de Stabenrath dès les premiers jours de thermidor an VII, et sans attendre sa nomination officielle à ce nouveau poste, qu'il ne reçut que le 1er fructidor (18 *août*) suivant.

La perte de la bataille de Novi ne tarda pas à nécessiter l'entrée en campagne de l'armée des Alpes, et bientôt Championnet réunit sous son commandement toutes les troupes de ces deux armées, formant un effectif d'environ 50,000 hommes. Mais il n'était pas à la hauteur de cette importante mission; après quelques avantages partiels mêlés de nombreux revers, la perte de la bataille de Génola le 5 novembre 1799 (14 *brumaire an VIII*) acheva la destruction de l'armée française, qui se trouva bientôt rejetée jusque sur l'Apennin. Dans cette malheureuse retraite, le général Richepance, secondé par l'adjudant-général de Stabenrath qui était son chef d'état-major, parvint à rallier la plus grande partie de la division Grenier au camp de Borgo-San-Dalmazo, en arrière de Coni, au confluent de la Stura et du Gesso; malgré l'épuisement de ses troupes, il soutint longtemps les efforts de l'ennemi, mais il fallut enfin céder au nombre;

deux brillants combats à Robillante et à Vernantes
furent les dernières haltes de ce malheureux corps
d'armée, dont le général Mélas n'abandonna la pour-
suite que lorsqu'il fut rejeté sur le col de Tende.

Le courage, l'énergie, l'activité qu'avait déployés
dans ces sanglantes affaires l'adjudant-général de
Stabenrath, lui méritèrent d'être cité de la manière
la plus chaleureuse par le général Richepance, et
c'est de cette époque que data l'union si intime qui
ne cessa de régner entr'eux jusqu'à ce que la mort en
soit venu rompre les liens.

Championnet ne survécut pas longtemps à ces désastres, et Masséna fut bientôt envoyé par le nouveau
gouvernement que la révolution du 18 brumaire
venait de donner à la France, pour réorganiser les
débris de cette armée, décimée par la misère, les
privations et la désertion.

L'adjudant-général de Stabenrath rentré en France
pour rétablir sa santé des fatigues qu'il avait éprou-
vées dans cette pénible retraite, fut désigné le 22
ventôse an VIII (13 *mars* 1800) pour être employé à
l'état-major général de l'armée de réserve qui, d'après
l'arrêté des consuls du 7 mars précédent, se formait
alors à Dijon sous les ordres du général Berthier. Le
19 mai, il dirigeait, sous le commandement du général Lannes, le passage du grand St-Bernard, et le
7 juin (18 *prairial*), il entrait dans Pavie avec ce général. Le lendemain (19 *prairial*), il était chargé par
le général Berthier d'aller, avec une forte escorte de
cavalerie, jusqu'à Valenza, reconnaître les positions

de l'ennemi sur les deux rives du Pô, et il s'acquittait
avec bonheur de cette importante mission. Enfin, le
14 juin (25 *prairial*), il assistait, en qualité de sous-
chef de l'état-major général, à la bataille de Marengo,
au gain de laquelle il prit une grande part. « L'adju-
« dant-général de Stabenrath, dit dans son rapport le
« général Dupont, chef de l'état-major général, s'est
« fait remarquer par son sang-froid et son intrépidité,
« en soutenant les violents efforts de l'ennemi à la
« tête de 500 grenadiers de la garde consulaire dont
« le commandement lui a été confié dans les derniers
« moments de cette glorieuse journée. » Aussi, après
la bataille, fut-il chargé de porter à l'acceptation du
général autrichien Mélas la convention du 15 juin
relative à la remise à l'armée française des places de
l'Italie et à la retraite de l'armée autrichienne, convention dans laquelle il est désigné comme l'un des
commissaires chargés d'en assurer l'exécution.

L'Italie était en grande partie reconquise ; mais
Bonaparte prévoyant qu'il aurait encore à vaincre la
ténacité de l'Autriche, préparait de nouveau, en Allemagne et en Italie, les moyens d'achever sa destruction et ordonnait la formation d'une deuxième armée
de réserve à Dijon. De Milan, l'adjudant-général de
Stabenrath reçut le 28 messidor an VIII (17 *juillet*
1800) l'ordre de se rendre à l'état-major de cette
armée sous le commandement du général Macdonald,
pour y remplir les fonctions de chef d'état-major de
la 4e division. A peine formée, l'armée de réserve,
dès le 5 septembre, entrait en Helvétie et allait occu-

per St-Gall, où elle prenait le nom d'armée des Grisons et complétait son organisation.

Enfin, vers la fin de novembre, Bonaparte donnait le signal des opérations qui devaient achever l'expulsion des Autrichiens de l'Italie; et l'armée des Grisons, destinée à former l'aile gauche de l'armée française, se préparait à renouveler les prodiges du mont St-Bernard, en franchissant les défilés du mont Splügen. Cette opération, exécutée en plein hiver, par des sentiers effacés par l'accumulation des neiges, au milieu des glaciers et des précipices, et malgré les tourmentes si dangereuses dans ces régions glacées à cette époque de l'année, dénote une énergie peu commune chez le chef qui la dirigeait aussi bien que dans le cœur des soldats qui l'accomplirent; marche hardie et plus extraordinaire que celle du St-Bernard, bien qu'elle n'ait pas fait autant de sensation ni laissé d'aussi profonds souvenirs dans les fastes militaires. Du 1ᵉʳ au 6 décembre 1800 (10 au 15 *frimaire an IX*) s'accomplit cette audacieuse manœuvre, dont le succès fut du principalement à la persévérance et à l'activité du général en chef, mais aussi à l'énergie et au sang-froid de l'adjudant-général de Stabenrath, qui faillit être emporté par la violence de la tourmente et eut son cheval englouti dans les neiges. A un mois de là, le petit corps de Macdonald faisait son entrée à Trente après avoir refoulé l'armée autrichienne, et grâce à cette active coopération, la campagne se terminait par la paix de Lunéville.

Employé à l'armée d'Helvétie pendant le reste de l'an IX, l'adjudant-général de Stabenrath fut appelé le 1er vendémiaire an X (23 *septembre* 1801) à l'état-major de la 8e division militaire sous les ordres du général Cervoni. On s'occupait à cette époque de la réorganisation de l'administration militaire qui avait si souvent fait faute dans les dernières guerres, et l'une des dispositions importantes du nouveau système d'administration était la création du corps de l'*Inspection aux revues*. Les talents administratifs que l'adjudant-général de Stabenrath avait déployés dans un grand nombre de circonstances firent jeter les yeux sur lui pour l'un des nouveaux emplois qui venaient d'être créés, et le 1er nivôse an X il était nommé sous-inspecteur aux revues. Mais il n'accepta pas cette position, préférant encore la carrière brillante et active des armes à celle de l'administration, et fut maintenu dans son grade et ses fonctions d'adjudant-général dans la 8e division militaire.

Pour faire apprécier l'étendue des services qu'il rendit dans cette position, on ne peut mieux faire que citer la lettre que le général Cervoni adressait le 26 fructidor an XI (13 *septembre* 1803) au ministre de la guerre, en demandant pour son collaborateur le grade de général de brigade :

« L'adjudant-général de Stabenrath est un des « meilleurs officiers de l'armée ; il se distingue entre « ceux de son grade par son ancienneté, par sa va-« leur brillante, par des talents et une activité rares.

« Le Premier Consul, après la victoire de Marengo,

« manifesta l'intention de l'élever au grade d'officier
« général; la paix vint ajourner sa fortune militaire;
« il s'y résigna en continuant à servir très-bien.

« Employé depuis le 1ᵉʳ vendémiaire an X dans
« la 8ᵉ division militaire, je lui confiai immédiate-
« ment le commandement du département de Vau-
« cluse, qu'agitait encore le brigandage; il l'exerça
« avec succès.

« La succursale d'Avignon, créée à la rentrée de
« l'armée d'Orient, se forma sous ses yeux; des dé-
« tails minutieux, multipliés, importants, retombaient
« sur lui; il satisfit à tous, aucun ne fut négligé, et
« il ne lui échappa pas la plus légère méprise....

« Bientôt après, je le chargeai de la direction du
« sixième dépôt colonial. Ce dépôt a déjà fait embar-
« quer 3,300 hommes pour St-Domingue, l'île
« d'Elbe et la Corse. Sa formation fut entourée
« d'obstacles, tous ont été surmontés par la fermeté
« et le dévouement de l'adjudant-commandant de
« Stabenrath.

« Les départements de la 8ᵉ division militaire n'é-
« taient pas habitués à se conformer aux lois sur le
« recrutement; j'ai vu pour la première fois les in-
« tentions du gouvernement remplies sur ce point
« important et hérissé de difficultés. L'adjudant-géné-
« ral de Stabenrath était personnellement chargé du
« recrutement dans les Bouches-du-Rhône, et il en
« suivait les opérations dans les autres départe-
« ments.

« L'adjudant-général de Stabenrath va maintenant

« remplacer, dans l'inspection générale des côtes de
« cette division, le général Partouneaux promu ré-
« cemment général de division ; le zèle et l'intelli-
« gence de cet officier sont de sûrs garants que cette
« partie du service ne souffrira pas du départ du gé-
« néral Partouneaux.

« Après avoir obtenu, citoyen ministre, votre con-
« stante approbation et celle du Premier Consul sur
« tout ce qui a été fait dans cette division depuis que
« j'en ai pris le commandement, et principalement
« pour l'extirpation du brigandage qui la désolait, il
« me reste encore le vif désir de voir récompenser
« mes collaborateurs.

« Je vous prie de demander au Premier Consul,
« pour l'adjudant-général Stabenrath, le grade de
« général de brigade,   « CERVONI. »

Une si chaleureuse recommandation ne fut cependant pas couronnée de succès ; l'adjudant-général
Stabenrath, aussi modeste que brave et zélé, n'avait
que ses services et le témoignage de ses chefs à invo-
quer en sa faveur ; de pareils titres ne purent balancer
l'influence des sollicitations ardentes qui se pres-
saient autour du Premier Consul et qui firent alors
surgir bien des capacités douteuses.

L'adjudant-général Stabenrath ne se découragea
cependant pas en voyant ses services ainsi méconnus,
et résolut de conquérir par de nouveaux services le
grade qui lui était refusé.

La guerre, après une paix d'une année à peine,
ayant éclaté de nouveau entre la France et l'Angle-

terre, un camp est réuni à Compiègne, où doivent se concentrer les troupes destinées à aller combattre cette puissance sur son propre territoire. Le 10 brumaire an XII (2 *novembre* 1803), l'adjudant-général de Stabenrath est appelé au camp de Compiègne, qui est bientôt transporté à Montreuil sous le commandement en chef du général Ney; il est désigné pour remplir les fonctions de chef d'état-major de la 3ᵉ division commandée par le général Partouneaux.

Nous ne parlerons pas de tous les travaux auxquels participa l'adjudant-général de Stabenrath dans ces nouvelles fonctions; tous les historiens militaires ont décrit éloquemment l'activité prodigieuse avec laquelle fut créée cette flottille qui devait nous permettre d'aller saisir corps-à-corps notre éternelle ennemie pour terminer dans un suprème effort une lutte de plusieurs siècles. Ce fut en même temps pour l'armée française une excellente école que cette réunion de troupes de toutes armes dans ce vaste camp qui s'étendait d'Ostende à Etaples; la discipline et l'instruction des troupes, l'habillement et l'équipement du soldat, l'organisation de l'administration militaire, rien ne fut négligé pendant ces deux années d'expectative militante; et les nombreuses notes laissées par le général de Stabenrath, dont plusieurs seraient encore aujourd'hui d'un haut intérêt, montrent qu'il prit une grande part à cette puissante organisation qui forma les armées d'Austerlitz et d'Iéna.

Bonaparte, que la condescendance adulatrice du Sénat, du Tribunat et du Corps Législatif, aussi bien

que la reconnaissance publique, venaient de porter
au trône impérial, vint lui-même encourager de sa
présence ces admirables efforts. Il voulut, en outre,
pour exciter encore le moral et l'enthousiasme des
troupes, solenniser sa présence au milieu d'elles, en
faisant à l'armée une distribution de décorations de
l'ordre de la Légion d'Honneur qu'il venait récemment de créer.

Le 16 août 1804 (28 *thermidor an XII*), 80,000
hommes des camps de Boulogne et de Montreuil
étaient réunis, sous les ordres du général Soult, pour
assister à cette grande solennité. L'adjudant-général
de Stabenrath ne pouvait manquer de figurer au
nombre de ces élus de la gloire ; et bien longtemps
après ne pouvait-il se rappeler sans une émotion
profonde cette époque de sa vie militaire, où il avait
reçu de la main même de l'Empereur cette étoile tant
enviée et qui devait faire accomplir tant de prodiges !

Au milieu de cette brillante armée, pleine d'ardeur
et d'enthousiasme, et qu'électrisaient sa présence et
ses paroles, l'Empereur put croire que l'instant était
venu d'aller terminer la guerre au cœur même de
l'Angleterre. Mais ce triomphe suprême ne lui était
pas réservé, et bientôt les préparatifs menaçants de
la troisième coalition l'obligeaient à entreprendre
une nouvelle guerre continentale.

Au commencement de septembre, l'armée de
l'Océan s'ébranlait pour marcher vers le Rhin et le
Danube. L'adjudant-général de Stabenrath, bien que
condamné quelque temps à un repos forcé par suite

d'un accident éprouvé dans une reconnaissance, où il s'était cassé le bras, n'en avait pas moins conservé ses fonctions de chef d'état-major de la 3° division du corps du maréchal Ney, alors commandée par le général Malher; cette division se composait des 25°, 27°, 50° et 59° régiments de ligne sous les ordres des généraux La Bassée et Marcognet.

Quoique souffrant encore, le colonel de Stabenrath organisa lui-même et dirigea de sa personne la marche de la division. Partie du camp de Montreuil le 1er septembre 1805 (14 *fructidor an XIII*), elle arrivait le 26 du même mois (4 *vendémiaire an XIV*), à Haguenau, après avoir passé par Arras, La Fère, Reims, Nancy et Saverne; et bientôt elle traversait le Rhin avec le reste du corps d'armée du maréchal Ney.

Le 9 octobre, la division Malher était chargée de l'attaque des ponts du Danube à Reisensburg, Günzburg et Leipheim. L'adjudant-général de Stabenrath prenait part de sa personne à l'attaque principale du pont de Günzburg, tentative infructueuse où tout le courage et l'ardeur de nos soldats vinrent échouer contre les difficultés d'un passage défendu par des forces considérables. Heureusement, le général La Bassée avait forcé le pont de Reisensburg; le lendemain, le corps entier du maréchal Ney y franchissait le Danube.

Le 14 octobre, l'adjudant-général de Stabenrath coopérait avec sa division à l'attaque du pont d'Elchingen, le 15 à la prise des hauteurs du Michelsberg, et le 20 octobre il assistait à la capitulation d'Ulm, résultat prodigieux d'une campagne de 20 jours, dû au génie de Napoléon, si bien secondé par ses lieutenants !

Le colonel de Stabenrath, en témoignage de la part importante qu'il avait prise aux succès de ces opérations, fut chargé de porter au quartier-général de l'Empereur les drapeaux que l'armée autrichienne venait de déposer devant l'armée française.

Le 6e corps d'armée avait reçu l'ordre, après l'occupation d'Ulm, d'envahir le Tyrol pour y poursuivre les débris de l'armée autrichienne ; l'adjudant-général de Stabenrath suivit naturellement les opérations de ce corps, et il coopérait ainsi à l'occupation de Salzbourg et de Klagenfurt, pendant que le reste de l'armée française s'immortalisait à Austerlitz (2 *décembre* 1805).

Mais s'il fut privé de l'honneur de se trouver à cette grande journée, il eut l'année suivante une glorieuse compensation en prenant part à la bataille d'Iéna (14 *octobre* 1806). Le lendemain, 15 octobre, il assistait, avec le 6e corps, à la capitulation d'Erfurt, et le 8 novembre à la reddition de Magdebourg.

Désigné, le 24 novembre 1806, pour être employé au 4e corps d'armée, sous les ordres du maréchal Soult, l'adjudant-général de Stabenrath fut chargé des fonctions de chef de l'état-major de la 1re division de ce corps, commandée par le général St-Hilaire, et c'est en cette qualité qu'il figurait, le 8 février 1807, à la sanglante bataille d'Eylau. Au moment où la division St-Hilaire, partie de Rothe-

nen, attaquait la gauche de l'armée russe, l'adjudant-général de Stabenrath fut chargé du commandement du 36° régiment de ligne dont le colonel
venait d'être grièvement blessé, et se trouva ainsi au
plus fort de l'action pendant toute cette terrible journée. Sa conduite, dans cette bataille, la plus meurtrière de l'Empire, lui valut d'être cité de la manière
la plus honorable dans le rapport du maréchal Soult
à l'Empereur ; et le 21 avril suivant le maréchal
l'appelait à remplir les fonctions de sous-chef à l'état-
major général du 4° corps, alors concentré autour de
Liebstadt.

Pendant les quelques semaines de repos que prit
l'armée, retirée derrière la Passarge après la bataille
d'Eylau, tout en protégeant le siége de Dantzick, il y eut
entre les deux armées échange de prisonniers, et l'adjudant-général de Stabenrath fut notamment chargé
d'échanger contre le général Victor, le général Blücher
fait prisonnier le 7 novembre 1806 après la capitulation de Lubeck. Voici comme il s'exprime dans ses
notes au sujet de ce général, qui devait plus tard, en
1814 et en 1815, contribuer si fatalement à notre
défaite : « Chargé de le conduire en voiture au quar-
« tier-général de Liebstadt, j'eus le temps d'apprécier
« le général Blücher,.... qui alors, comme toute sa
« vie, ne fut qu'un heureux partisan, adonné au jeu,
« à la débauche et au vin. Une pipe et de l'eau-de-
« vie, telle était sa demande habituelle ; de pareils
« goûts et sa conversation ordinaire ne faisaient pas
« reconnaître en lui un général prussien. »

A la reprise des hostilités, le 5 juin 1807, l'adjudant-général de Stabenrath assistait au combat de Lomitten, sur la Passarge, et quelques jours après, le 10 juin, à la bataille d'Heilsberg, où le corps du maréchal Soult eut à lutter seul contre toute l'armée russe. Quoique blessé dans cette journée, il n'en voulut pas moins continuer son service pendant la marche du 4e corps sur Eylau et Kœnigsberg; et lorsque cette dernière ville capitula le 16 juin, après la bataille de Friedland, il en fut nommé commandant d'armes par le maréchal Soult, et en prit possession à la tête de l'avant-garde du 4e corps.

Chargé d'opérer le désarmement général de la population, il sut accomplir cette mesure rigoureuse avec fermeté, mais sans vexations inutiles; par l'énergie et la prudence dont il fit preuve en cette circonstance, il préserva la ville du pillage et de l'incendie, et parvint ainsi à conserver intactes les immenses richesses publiques et privées qu'elle renfermait. Aussi les habitants de Kœnigsberg, pleins de reconnaissance, lui décernèrent-ils spontanément une honorable récompense, qu'il ne voulut accepter néanmoins qu'avec l'assentiment du maréchal Soult et de l'Empereur, et qui est l'unique source de sa fortune particulière.

Les nouveaux services que l'adjudant-général de Stabenrath venait de rendre pendant les campagnes de 1805, 1806 et 1807, furent enfin récompensés par le grade de général de brigade, qu'il obtint le 11 juillet 1807 après l'avoir si longtemps attendu, et par le titre de baron de l'Empire, qui lui fut conféré le 17 mars 1808.

Le général de Stabenrath conserva ses fonctions de sous-chef à l'état-major général du 4° corps chargé de l'occupation de la vieille Prusse, de Kœnigsberg à Dantzick, jusqu'au 5 novembre 1807, époque à laquelle il fut chargé du commandement de la 2° brigade de la 1re division de ce corps, toujours commandée par le général St-Hilaire; cette brigade, qui se composait du 14° et du 36° régiment d'infanterie de ligne, eut mission pendant l'année 1808 d'occuper les environs de Berlin.

Au mois d'octobre 1808, à la dissolution de la grande armée, le 4° corps ayant été pareillement dissous, la division St-Hilaire fut réunie au corps du maréchal Davout, qui avait pris le titre d'*armée du Rhin*, et en devint la 4° division; le général de Stabenrath eut le commandement de la 1re brigade de cette division, composée du 22°, du 57° et du 72° régiment de ligne; son quartier-général étant établi à Stettin.

Mais à cette année de repos devait succéder une campagne aussi active et aussi meurtrière que celles de 1805 et de 1806; la guerre était de nouveau déclarée entre la France et l'Autriche! Dans l'organisation nouvelle donnée par l'Empereur à l'armée d'Allemagne, la division St-Hilaire fut détachée du corps du maréchal Davout pour être annexée au corps du maréchal Lannes, mais ce mouvement n'était pas encore effectué lorsque commencèrent les hostilités, et cette annexion n'eut même lieu qu'après la bataille d'Eckmühl et la prise de Ratisbonne. Cette belle division était donc encore sous les ordres du maréchal Davout lorsque, appuyée par la division Friant, elle livra, dans sa marche de Ratisbonne vers Abensberg, le rude combat de Tengen (souvent désigné aussi sous le nom de combat de Hausen ou de Tann) le 19 avril 1809. Le principal effort de l'action fut soutenu par la brigade du général de Stabenrath, alors composée du 57°, du 72° et du 105° régiment de ligne : le combat était engagé déjà depuis quatre heures ; l'ennemi, quoique repoussé, ne cédait le terrain que pied à pied, et, appuyé à un massif de bois, faisait éprouver des pertes sérieuses à nos troupes ; il fallait à tout prix le chasser de cette position ; à ce moment, le général de Stabenrath mettant pied à terre, traverse les rangs de l'infanterie, et accompagné de quelques officiers se précipite dans le bois ; toute la brigade s'élance sur ses traces, communique son mouvement au reste de la division, et l'ennemi chassé de ce dernier retranchement nous laisse maîtres du champ de bataille !

Quelques jours après, le 22, le général de Stabenrath prenait encore une grande part à la bataille d'Eckmühl avec la division St-Hilaire, et assistait le lendemain à la prise de Ratisbonne.

L'Empereur récompensa ces services en le nommant commandeur de la Légion d'Honneur sous les murs mêmes de Ratisbonne (1) ; noble récompense

______

(1) Il avait été nommé chevalier le 16 pluviôse an XII (6 *février* 1804) et officier le 26 prairial an XII (15 *juin* 1804.)

qui lui eût fait oublier toutes les fatigues et les dangers du début de la campagne, s'il n'eût été en ce
moment cruellement affecté par la mort d'un ami dé-
voué, le brave général Cervoni, tué par un boulet dès
le commencement même de la journée d'Eckmühl !

La division St-Hilaire ayant été définitivement pla-
cée sous les ordres du maréchal Lannes après la prise
de Ratisbonne, marcha immédiatement sur Vienne
avec l'Empereur ; la brigade de Stabenrath eut donc
la gloire d'entrer une des premières dans la capitale
de l'Autriche le 13 mai 1809. Mais la campagne était
encore loin d'être finie, et l'armée autrichienne, qui
se montrait menaçante sur la rive gauche du Danube,
allait bientôt, dès le 21 mai, nous attaquer à Essling.
La division St-Hilaire ayant passé le Danube pendant la nuit, était en ligne dans la matinée du 22 ; le
général de Stabenrath, à la tête d'une brigade de cette
division, composée du 10ᵉ régiment d'infanterie légère et du 72ᵉ régiment de ligne, enlève le village
d'Essling, tant de fois pris et repris pendant cette sanglante journée, mais, blessé d'un biscaïen à la cuisse
pendant cette action, il est obligé de quitter le champ
de bataille et traverse dans une barque le Danube
dont les ponts venaient d'être rompus. Peu d'instants
après, son digne chef et intime ami, le brave général
St-Hilaire était mortellement blessé, et le maréchal
Lannes avait les deux jambes fracassées par un boulet.

Retenu pendant six semaines sur le lit de douleur,
le général de Stabenrath s'inquiétait, s'irritait même
d'une blessure qui allait peut-être le retenir éloigné

de l'armée au moment où seraient reprises les opérations contre les Autrichiens ; mais ce grand chagrin ne lui fut pas infligé ; quoiqu'il ne fût encore qu'imparfaitement rétabli, l'Empereur, cédant à ses instances, le rappela le 3 juillet au commandement d'une brigade.

Il aurait vivement désiré rentrer dans la division St-Hilaire, (alors commandée par le général Grandjean), devenue pour lui une véritable famille par la communauté de dangers et de gloire qu'il avait partagés avec elle depuis 1806 ; mais l'organisation déjà terminée des commandements de cette division, qui faisait maintenant partie du corps d'armée du général Oudinot, ne permit pas qu'il fût déféré à cette demande ; le général de Stabenrath passa dans le corps d'armée du maréchal Masséna, et fut attaché à la division du général Carra-St-Cyr ; il eut sous ses ordres le 24ᵉ léger, le 4ᵉ et le 46ᵉ régiment de ligne, commandés par les colonels Pourailles, Boyeldieu et Baudinot ; ce sont ces beaux régiments, qui s'étaient déjà immortalisés à Essling, qu'il allait conduire dans les champs de Wagram.

Dans la matinée du 5, la brigade de Stabenrath, chargée de l'attaque d'Enzersdorf, enlevait cette petite ville fortement occupée, où l'on trouva de grandes ressources ; le reste du jour, la division Carra-St-Cyr, dont faisait partie cette brigade, refoula l'ennemi sans combat sérieux ; mais le lendemain 6 elle devait prendre une part active et sanglante à la bataille.

Au moment où le maréchal Bernadotte, forcé de se retirer devant le puissant effort que l'archiduc Charles dirigeait contre la gauche de l'armée, avait abandonné la position d'Aderklau, le maréchal Masséna jugeant important d'arrêter les progrès des Autrichiens de ce côté, donna au général Carra-St-Cyr l'ordre de se porter en avant. Trop confiant dans ses forces, et sans avoir une connaissance exacte de celles de l'ennemi, ce général veut aussitôt réoccuper le village d'Aderklau, et charge la brigade de Stabenrath de cette périlleuse mission. Attaqué avec impétuosité, le village est emporté ; mais à peine engagée dans l'espèce de gorge que forme ce village, et au milieu des profonds ravins qui l'entourent, la brigade de Stabenrath est enveloppée par les troupes que le prince Charles avait fait masquer autour de cette position et qu'il dirigeait en personne ; malgré une héroïque résistance, le général de Stabenrath est repoussé et vivement pressé par l'ennemi jusqu'au moment où le reste de la division Carra-St-Cyr accourant à son secours, lui permet de rallier sa brigade ; également soutenu à droite par une partie du corps du maréchal Bernadotte, il reprend alors l'offensive et s'empare de nouveau d'Aderklau. Le premier échec, dû à l'imprudence du général Carra-St-Cyr, est ainsi réparé, mais la brigade de Stabenrath avait fait de grandes pertes, et ses excellents colonels, Pourailles et Boyeldieu, étaient au nombre des prisonniers. Dirigée bientôt vers le Danube avec le corps du maréchal Masséna, la division Carra-St-Cyr contribua puissamment au succès de la bataille, et y acquit une nouvelle gloire dont le général de Stabenrath put à juste titre revendiquer sa part.

Au combat de Znaïm, le 11 juillet suivant, le général de Stabenrath devait supporter le dernier effort de la campagne.

Le général Marmont, arrivé dès le 10 en vue de cette ville, avait occupé une forte position sur les hauteurs de la rive gauche de la Taya d'où il pouvait canonner le pont de Schallersdorf sur cette rivière. Le 11 juillet, le corps d'armée du maréchal Masséna arrive sur la rive droite de la Taya ; la division Legrand, qui marche en tête de la colonne, enlève le pont et refoule les Autrichiens sur Znaïm ; mais à ce moment, un orage épouvantable vient suspendre le combat, et arrête les progrès de nos soldats. Tout à coup, au milieu de l'obscurité presque complète qui couvre la vallée, une batterie d'artillerie française tire par méprise sur la division Legrand ; se croyant tournée par l'ennemi, cette division se rejette en désordre vers le pont de la Taya, vivement poursuivie par le comte de Linange à la tête d'un bataillon hongrois.

Le maréchal Masséna, extrêmement souffrant encore de la blessure qu'il avait reçue par accident la veille de la bataille de Wagram, ne pouvant diriger lui-même les mouvements de son corps d'armée, en avait confié le soin au général Fririon, son chef d'état-major. Ce général voit la retraite désordonnée de la division Legrand, et, sans attendre qu'elle ait entiè-

rement repassé le pont, donne l'ordre au général
Carra-St-Cyr d'y engager la tête de la brigade de Stabenrath. Ce mouvement intempestif devait inévita-
blement amener un conflit dangereux entre nos
troupes; mais le général Carra-St-Cyr ne sachant que
prescrire la stricte et aveugle exécution d'un ordre
trop légèrement donné, le général de Stabenrath,
après d'énergiques mais inutiles observations, dut se
frayer un passage sur le pont extrêmement étroit de
la Taya, en remontant le véritable torrent formé par
la retraite précipitée de la division Legrand. Marchant à la tête du 46ᵉ régiment de ligne, l'épée à la
main, le général de Stabenrath parvient enfin, après
d'incroyables efforts, à franchir le pont; mais 400
hommes à peine ont pu le suivre lorsqu'il arrive au
bas du plateau de Znaïm, dont le régiment autrichien
d'Argenteau a déjà pris possession. Malgré la dispro-
portion des forces, il s'engage entre les deux parties
un combat terrible à l'arme blanche, la pluie qui
tombait encore à flots leur enlevant la possibilité de
faire feu de part et d'autre. Mais la lutte était trop
inégale; en un instant, près de la moitié du faible détachement du 46ᵉ est mis hors de combat, et le général de Stabenrath ayant été lui-même grièvement
blessé, est fait prisonnier avec les siens, et entraîné
vers Znaïm.

Cet échec devait être heureusement bientôt vengé;
avant même qu'ils eussent atteint la ville, le maréchal Masséna, instruit de la faute grave qui avait été
commise, avait donné l'ordre au 10ᵉ régiment de cui-

rassiers (*colonel Guiton*), de traverser le pont et la rivière guéable en plusieurs points, et de charger l'infanterie autrichienne. Atteint par cette charge vigoureuse, le régiment d'Argenteau est enveloppé, sabré, et obligé d'abandonner ses prisonniers, qui, se joignant alors à nos braves cuirassiers, font à leur tour prisonnier le régiment presque entier au nombre de 1,100 hommes.

Le général de Stabenrath avait reçu dans cette échauffourée cinq coups de sabre dont trois à la tête, et un très-dangereux au bras gauche. Ce fut là le dernier acte de cette mémorable campagne ; car au moment même où on le transportait à l'ambulance, on annonçait la conclusion d'un armistice entre les deux armées.

L'Empereur, après s'être fait rendre compte des divers incidents du combat de Znaïm, blâma l'attaque inopportune ordonnée par le général Fririon, et s'enquit avec le plus grand intérêt de l'état du général de Stabenrath, intérêt qu'il lui continua pendant tout le temps qu'il fut retenu à Vienne pour son rétablissement. L'Empereur lui fit même demander s'il ne désirait rien pour prix de ses derniers services ; mais le général de Stabenrath ne voulut rien réclamer pour lui-même, et se borna à demander, ce qu'il obtint immédiatement, le grade de capitaine pour son neveu, le lieutenant de Stabenrath (*Marie-Eugène*) son aide-de-camp, faveur bien méritée du reste par ce jeune officier qui, à 24 ans, avait assisté déjà aux batailles d'Austerlitz, d'Iéna, de Friedland et de Wagram !

L'Empereur ayant manifesté l'intention de nommer le général de Stabenrath général de division, on l'engageait à se faire porter à Schœnbrunn, à l'époque de la fête du 15 août, comme le firent quelques officiers blessés dans cette dernière campagne, pour rappeler à S. M. ses bienveillantes dispositions à son égard ; mais il ne voulut jamais consentir à cette espèce de représentation théâtrale, préférant un oubli bien immérité à une faveur qu'il n'aurait due qu'aux dépens de sa dignité personnelle. Il n'obtint pour prix de ses services que la décoration autrichienne de la Couronne de Fer, qui, demandée pour lui dès cette époque, ne lui fut cependant accordée que le 21 octobre 1811.

La gravité des blessures qu'avait reçues le général de Stabenrath exigeait des soins assidus qu'il ne pouvait recevoir qu'en France ; aussitôt qu'il fut en état de supporter les fatigues de la route, il quitta donc l'armée pour aller prendre un repos qui lui était si nécessaire. L'Empereur, voulant néanmoins utiliser ses services sans l'éloigner de sa famille, le nomma, le 5 décembre 1809, au commandement du département de la Seine-Inférieure (*15e division militaire*), et il commandait encore ce département lorsque, l'année suivante, l'Empereur, désirant montrer à la France la jeune impératrice, recevait à Rouen l'accueil le plus enthousiaste des populations empressées de la Normandie.

Au milieu de la paix générale du reste de l'Europe, la guerre d'Espagne tenait presque en échec les armées françaises, et rendait nécessaire l'envoi de nombreux et continuels renforts dans ce malheureux pays. Le ministre de la guerre, appréciant combien les talents militaires et administratifs du général de Stabenrath conviendraient à ce genre de guerre, lui donna l'ordre, le 6 octobre 1810, de se rendre en poste à Tours pour y prendre le commandement de la 3e brigade d'infanterie de la division qui devait se former dans cette ville sous les ordres du général Caffarelli, pour être ensuite incorporée à l'armée d'Espagne; mais, par suite d'un malentendu, les troupes qu'il devait commander avaient été dirigées isolément sur l'Espagne et réunies à d'autres corps. Le général de Stabenrath fut alors nommé (21 *novembre* 1810) au commandement du département de l'Escaut (*chef-lieu Gand*) dans la 24e division militaire, sur une frontière maritime qui exigeait la plus grande surveillance en raison des tentatives dont elle était menacée par les Anglais. Il conserva ce commandement jusqu'au 24 mai 1812, époque à laquelle il fut nommé, sous la direction supérieure du duc de Padoue, au commandement de la 11e brigade des gardes nationales, formées des cohortes de la 6e et de la 19e division militaire, qui s'organisait alors à Anvers.

Mais ces cohortes, dont la formation avait été récemment décrétée, ne devaient pas servir hors des frontières, et le général de Stabenrath demandait instamment à faire partie de la grande armée qui devait porter la guerre en Russie. Il fut enfin fait droit à sa demande, non pas, il est vrai, d'une manière aussi complète qu'il l'eût désiré, car il était seulement attaché à la 1re division d'infanterie de réserve de la grande armée (3 *juin* 1812); mais on pouvait prévoir que cette armée serait à son tour mise en mouvement pour participer à cette guerre colossale. Telle ne fut pas cependant sa destination, et l'occupation de la Prusse pendant la fatale campagne de 1812 fut son unique mission.

Sur la présentation du maréchal duc de Bellune, le général de Stabenrath fut nommé le 3 juillet 1812 au commandement de Spandau.

« La place de Spandau, écrivait le maréchal Victor « au général de Stabenrath, en lui envoyant son ordre « de service, est d'une grande importance dans les « conjonctures actuelles ; S. M. l'Empereur en a re- « commandé fortement la conservation en ordonnant « qu'elle fût armée et approvisionnée..... L'Empe- « reur désirant qu'un officier-général d'un caractère « ferme et éprouvé commande cette place, je crois « répondre aux intentions de S. M. en vous confiant « ce commandement, et je suis persuadé que vous « justifierez mon choix..... »

Le général de Stabenrath ne fut pas au-dessous de cette mission ; aussi, le 18 octobre suivant, fut-il appelé par le maréchal Augereau au commandement beaucoup plus important de Berlin, commandement qu'il conserva jusqu'au 10 décembre 1812. Ces fonctions étaient bien difficiles et bien délicates, au moment même où les désastres de notre armée commençaient à soulever en Allemagne ce mouvement national qui devait bientôt faire une explosion terrible ; le général de Stabenrath sut les remplir avec cette fermeté froide mais conciliante, avec ce tact parfait qu'il mettait en toutes choses ; aussi, lorsqu'il quitta ce commandement pour rentrer en France, reçut-il des témoignages éclatants de sympathie et de reconnaissance des autorités prussiennes.

« .... S. M. (*Prussienne*), lui écrivit le baron de
« Hardenberg, me charge de vous témoigner sa sa-
« tisfaction pour la manière avec laquelle vous avez
« su allier vos fonctions avec cette loyauté et cette
« bienveillance qui vous caractérisent. En mon par-
« ticulier, je me félicite des relations agréables que
« m'a procurées votre séjour à Berlin, et dont je con-
« serverai toujours un avantageux souvenir. »

« Vous avez justifié pleinement, lui écrivait de son
« côté le maréchal Augereau, dans le commande-
« ment de Berlin, la confiance que j'avais en vous ;
« je ne puis assez vous en témoigner ma satisfaction
« particulière. »

Le 13 janvier 1813, le général de Stabenrath était nommé au commandement du département de la Frise, et le 19 novembre 1813 il était appelé de nouveau au commandement du département de la Seine-Inférieure, sous les ordres du maréchal Jourdan commandant de la 15e division militaire.

A quelques mois de là, malgré les efforts héroïques de notre armée, malgré le patriotisme de nos populations, la France était envahie par les armées coalisées, et l'Empereur signait à Fontainebleau son abdication!

Le maréchal Jourdan, parfaitement secondé par le général de Stabenrath, avait, sur tous les points du département, fait prendre des dispositions défensives qu'appuyait énergiquement le patriotisme des habitants, et surtout de ceux de Neufchâtel et de Gournay; mais l'abdication de l'Empereur rendait désormais inutiles ces tentatives de résistance, et il ne restait plus qu'à accepter les dures lois de la nécessité. Dans ces pénibles circonstances, le général de Stabenrath rendit les plus grands services à ses concitoyens en maintenant l'ordre et la discipline parmi les troupes, en prévenant avec fermeté toute tentative de désordre et de désertion parmi les nombreux prisonniers espagnols qui étaient internés dans le département, et en s'opposant avec vigueur au pillage et aux extorsions des bandes de cosaques qui menaçaient nos campagnes, et contre lesquels il sut faire respecter la ligne de démarcation assignée par les conventions militaires entre les armées alliées et les troupes françaises.

Aussi, lorsque, pour donner satisfaction aux émigrés, dont l'invasion avait succédé à celle des armées étrangères, on remplaçait la plus grande partie des officiers généraux qui avaient dû leur avancement à l'Empire, le général de Stabenrath, malgré son attachement bien connu à l'Empereur, fut maintenu dans le commandement du département de la Seine-Inférieure, sur la proposition du général Dupont, ministre de la guerre, qui, dans un rapport au Roi, exprimait l'opinion que : « l'intérêt du service exigeait que « M. de Stabenrath fût maintenu dans un pays où il « avait su se concilier l'estime et la considération « publiques. »

La nomination du général de Stabenrath comme chevalier de St-Louis, le 17 juillet 1814, fut un nouvel hommage à l'honorabilité de son caractère et à tous les services qu'il avait rendus pendant la paix comme pendant la guerre.

L'Empereur, à son retour de l'île d'Elbe, ne pouvait avoir de motifs pour se priver des services du général de Stabenrath ; aussi fut-il confirmé dans le commandement du département de la Seine-Inférieure le 15 avril 1815 ; et telles étaient l'influence et l'autorité qu'il avait acquises dans ces fonctions, qu'après la seconde restauration de Louis XVIII, elles lui furent encore conservées. Tous les habitants de cette belle et riche contrée n'eurent qu'à se féliciter de cette sage mesure, car, au milieu de l'occupation étrangère, alors que la 15ᵉ division militaire, dont le général de Stabenrath avait le commandement en l'absence du duc de Castries, était militairement occupée par 4,000 Anglais et 30,000 Prussiens, il sut, par son active et énergique intervention, maintenir l'ordre dans l'étendue de son commandement, et empêcher les collisions qui semblaient devoir à chaque instant s'élever entre ces troupes insolemment triomphantes de nos désastres, et les soldats et officiers français qui, réunis en grand nombre à Rouen, en

attendant leur organisation en légions départemen-
tales, voyaient en frémissant l'envahissement de notre
patrie.

Tous ces services ne purent néanmoins préserver
le général de Stabenrath des dénonciations et de la
malveillance qui s'attachait aux suspects d'impéria-
lisme, et le 10 février 1816, il était remplacé par le
général Martial Thomas, et mis en non-activité.
Mais il dut trouver dans les témoignages de sympathie et de regrets qui lui furent alors donnés par tous
ceux qui avaient pu l'apprécier, une grande compensation à cette disgrâce imméritée.

Cet éloignement ne fut pas, du reste, de longue
durée, car, le 7 août 1816, il était appelé au commandement du département de la Mayenne ; mais
bientôt ce commandement ayant été supprimé par
suite d'une nouvelle organisation du service des divi-
sions militaires, il fut admis le 6 novembre 1817 au
traitement d'expectative, et resta dans cette position
jusqu'à la réorganisation de l'état-major général,
en 1818, sous le ministère du maréchal Gouvion-St-
Cyr.

Compris à cette époque (30 *décembre* 1818) dans
le cadre des maréchaux de camp, il fut nommé au
commandement de la 1re subdivision de la 4e division
militaire, à Tours, commandement qu'il conserva
jusqu'au 11 août 1830, pendant près de douze ans,
période durant laquelle il fut chargé plusieurs fois
par intérim du commandement de la division. Mis
alors en disponibilité, il cessa d'être employé active-

ment jusqu'à la fin de sa carrière militaire, qui se termina le 13 avril 1832, au moment où il atteignait l'âge de 62 ans, fixé par l'ordonnance royale du 5 avril précédent comme la limite fatale à laquelle les maréchaux de camp devaient être placés dans le cadre de réserve de l'état-major général.

Condamné ainsi avant le temps, et lorsqu'il conservait encore une vigueur de corps et d'esprit peu commune, le général de Stabenrath se retira non loin de Gournay, sa ville natale, dans cette terre de Bruquedalle qu'il devait à la reconnaissance des habitants de Kœnigsberg, partageant ses loisirs entre la surveillance des travaux agricoles, la lecture et la méditation.

En parcourant toutes les phases d'une carrière militaire si bien remplie, on doit s'étonner que le général de Stabenrath n'ait pas obtenu un avancement plus rapide; nommé adjudant-général chef de brigade le 25 prairial an III (13 *juin* 1795), ce n'est en effet que le 11 juillet 1807, douze ans après! qu'il fut nommé général de brigade, bien qu'ayant pris une grande part aux batailles de Marengo, d'Iéna, d'Eylau et d'Heilsberg, et à de nombreux combats dans lesquels il s'était montré de la manière la plus brillante ; et malgré les services éclatants qu'il rendit ensuite à Eckmühl, à Essling, à Wagram et à Znaïm, ainsi que dans le gouvernement de Spandau et de Berlin, il ne put jamais franchir ce dernier grade! C'est que, modeste autant que brave, il lui répugnait de devoir à d'importunes sollicitations et à des influences étrangères ce qu'il croyait dû à son propre mérite ; et le mérite modeste est le plus souvent méconnu !

L'Empereur, qui le connaissait particulièrement, savait pourtant l'apprécier ; mais au milieu des graves occupations que lui donnèrent les affaires de l'Etat en 1810 et 1811, au milieu des immenses événements de 1812 et 1813, il oublia le modeste général qui ne savait que verser son sang pour son pays, et qui était inhabile à se prévaloir des services qu'il lui avait rendus !

Quant à la Restauration, elle crut sans doute avoir assez fait pour lui en le maintenant en activité.

Le général de Stabenrath avait voué à l'Empereur une admiration profonde et dévouée qui ne s'est jamais démentie, malgré l'injuste oubli dont il avait été victime. Resté néanmoins entièrement en dehors de la politique, il n'avait pas cru devoir refuser ses services à son pays lorsqu'il avait pensé pouvoir lui être utile, et c'est ainsi qu'en 1814 et en 1815 il avait puissamment contribué à alléger pour le département de la Seine-Inférieure les malheurs de l'occucupation étrangère.

Autant il était rigide, dur même, dans tout ce qui tenait à la discipline, à la hiérarchie et à l'obéissance militaire, autant, dans les relations du monde, il était poli, aimable et bienveillant. Aussi, redouté, malgré la confiance qu'il leur inspirait, des soldats et des officiers sous ses ordres, il sut en même temps, en dehors des devoirs militaires, gagner l'estime, la considération, l'affection même de tous ceux avec lesquels il fut en relation, en France comme à l'étranger, à Berlin et à Kœnigsberg, comme à Rouen et à Tours.

Rentré dans la vie privée, il conserva toujours les goûts et les allures militaires ; il aimait à s'entretenir avec les anciens soldats, qu'il appelait ses compagnons d'armes, des hauts faits des armées de l'Empire ; tous les mémoires, tous les ouvrages qui étaient publiés sur cette grande époque, il les lisait avidement, les commentant et les rectifiant au besoin, au moyen de ses souvenirs, et portant, avec une grande rectitude d'esprit, son jugement sur tous les hommes et les faits de cette époque.

Son admiration pour l'Empire n'avait pas comprimé néanmoins chez lui les idées de liberté et de progrès ; il professait en politique des opinions sagement libérales, mais il se tint toujours modestement à l'écart ; plusieurs fois sollicité par ses concitoyens de se mettre sur les rangs pour la députation ou pour le Conseil général du département de la Seine-Inférieure, il s'était toujours récusé, ne voulant en aucune façon se mêler aux intrigues électorales que doivent trop souvent subir les plus honorables candidatures.

Son abord avait quelque chose de froid et d'imposant qui inspirait le respect, et comprimait l'expansion et la confiance, même de la part de ses proches ; mais, sous cette apparence sévère, le général de Stabenrath était bon, généreux et serviable. Il savait obliger de la manière la plus délicate, et jamais une infortune ne fit un appel inutile à sa bienfaisance.

Son admission dans le cadre de réserve, en 1832, lorsqu'il se sentait encore apte à être utile à son pays, lui avait été extrêmement pénible. En 1848, alors que l'âge et les souffrances se faisaient déjà sentir sur cette forte organisation, il se résigna sans murmure à la position de *retraite* dans laquelle le plaçait le décret du 11 avril. Lorsque, plus tard, en 1853, il reçut la notification du décret du 1er décembre 1852, qui, en rétablissant le cadre de réserve de l'état-major général de l'armée, relevait de la retraite tous les officiers généraux qui y avaient été placés en 1848, il crut devoir, avant de profiter du bénéfice d'un décret qui le rendait susceptible « d'être em- « ployé activement, en temps de guerre, dans les « commandements de l'intérieur », faire connaître au ministre de la guerre son état de cécité et d'invalidité presque complètes, et ce n'est qu'après avoir reçu l'assurance formelle que la mesure réparatrice du 1er décembre 1852 s'appliquait indistinctement à tous les officiers généraux qui en feraient la demande, qu'il consentit à adresser enfin cette demande. Scrupule honorable, excessif peut-être, mais qui montre combien était loyal ce vétéran des armées de la République et de l'Empire, qui aurait cru indigne de son caractère de devoir la moindre faveur à une surprise ou à un malentendu.

Devenu complètement aveugle, ne marchant

qu'avec peine, en proie aux souffrances les plus
vives que lui faisaient éprouver ses anciennes blessures, il avait néanmoins conservé la plénitude de
ses facultés intellectuelles, une mémoire prodigieuse
et un talent de narration et d'appréciation des hommes et des choses qui rendait ses conversations si
pleines d'intérêt. Jusqu'à son dernier jour, il conserva la même lucidité d'esprit, la même force, la
même énergie de caractère, s'enquérant avec em-
pressement de tous les événements politiques, et
faisant comparaître au *rapport* journalier chacun de
ses serviteurs, comme au temps de sa vie militaire.
Vers le mois d'octobre 1853, néanmoins, en proie
à de vives souffrances, il dut renoncer à cette ré-
gularité d'habitudes; à quelques semaines de là, il
ne quittait plus sa chambre, ses forces l'abandon-
naient de jour en jour; enfin, le 12 novembre 1853,
il terminait, à 83 ans, cette longue et glorieuse exis-
tence.

Le général de Stabenrath avait un fils, magistrat
distingué au tribunal de Rouen, et qui consacrait en
outre avec succès aux lettres, à l'histoire et à l'ar-
chéologie tous les loisirs qu'il pouvait dérober à ses
laborieuses fonctions. Ce fut une des grandes dou-
leurs du général de voir, en 1841, ce fils unique
enlevé à son affection, à 40 ans à peine, et de sur-
vivre ainsi à celui qui devait être l'appui de ses vieux
jours.

Mais il eut au moins la consolation de voir, avant

de mourir, son petit-fils, admis à l'Ecole de St-Cyr,
faire ainsi son entrée dans cette carrière qu'il avait
si longtemps illustrée ; et, en lui donnant sa béné-
diction, il dut espérer que son nom revivrait un jour
avec honneur dans la grande famille militaire.